الدجاجةُ الحمراءُ الصغيرةُ وحبات القمح

Arabic translation by Samar Al-Zahar

في يومٍ منَ الأيامِ وجدت الدجاجةُ الحمراءُ الصغيرةُ، وهي تتمشى عرضَ ساحةِ المزرعةِ،
بعضاً من حباتِ القمح.

"بإمكاني زراعةِ هذا القمح،" فكرت الدجاجة. "ولكني سأحتاجُ بعضاً من المساعدة."

One day Little Red Hen was walking across the farmyard when she found
some grains of wheat.
"I can plant this wheat," she thought. "But I'm going to need some help."

نادت الدجاجةُ الحمراءُ الصغيرةُ الحيواناتِ الأخرى في المزرعة:

"هل بينَكم من يُساعِدُني في زِراعَةِ هذا القمح؟"

"لستُ أنا،" قالت القطةُ، "أنا مشغولةٌ جداً."

"لستُ أنا،" قال الكلبُ، "أنا مشغولٌ جداً."

"لستُ أنا،" قالت الإوزةُ، "أنا مشغولةٌ جداً."

Little Red Hen called out to the other animals on the farm:
"Will anyone help me plant this wheat?"
"Not I," said the cat, "I'm too busy."
"Not I," said the dog, "I'm too busy."
"Not I," said the goose, "I'm too busy."

"إذن سأقومُ بذلكَ بنفسي،" قالت الدجاجةُ الحمراءُ الصغيرةُ.

أخذت حبات القمح وزرعتها.

"Then I shall do it all by myself," said Little Red Hen.
She took the grains of wheat and planted them.

مَطَّرت الغيوم، واشرقت الشمس. نما القمحُ قوياً وطويلاً وذهبياً. وذاتَ يومٍ رأتْ الدجاجةُ
الحمراءُ الصغيرةُ أن القمحَ قد نَضَجْ. إنهُ الآنَ جاهزٌ للحصادِ.

The clouds rained and the sun shone. The wheat grew strong and tall and golden.
One day Little Red Hen saw that the wheat was ripe. Now it was ready to cut.

نادت الدجاجةُ الحمراءُ الصغيرةُ الحيواناتِ الأخرى:

"هل بينَكم من يُساعدُني في حصدِ القمحِ؟"

"لستُ أنا،" قالت القطةُ، "أنا مشغولةٌ جداً."

"لستُ أنا،" قال الكلبُ، "أنا مشغولٌ جداً."

"لستُ أنا،" قالت الإوزةُ، "أنا مشغولةٌ جداً."

Little Red Hen called out to the other animals:
"Will anyone help me cut the wheat?"
"Not I," said the cat, "I'm too busy."
"Not I," said the dog, "I'm too busy."
"Not I," said the goose, "I'm too busy."

"إذن سأقومُ بذلكَ بنفسي،" قالت الدجاجةُ الحمراءُ الصغيرةُ.
أَخَذَتَ َمِنجلاً وحَصَدَت القمحَ بكلهِ وربطتهُ بعدئذٍ في حُزمةٍ.

"Then I shall do it all by myself," said Little Red Hen.
She took a sickle and cut down all the wheat. Then she tied it into a bundle.

الآن أصبحَ القمحُ جاهزٌ لِلجَش.

حَملت الدجاجةُ الحمراءُ الصغيرةُ حُزمةِ القَمح الى ساحةِ المزرعة.

Now the wheat was ready to thresh.
Little Red Hen carried the bundle of wheat back to the farmyard.

نادَت الدجاجةُ الحمراءُ الصغيرةُ الحيواناتِ الأخرى:

"هل بينَكم من يساعِدُني في جَشِ القمح؟"

"لستُ أنا،" قالت القطةُ، "أنا مشغولةٌ جداً."

"لستُ أنا،" قال الكلبُ، "أنا مشغولٌ جداً."

"لستُ أنا،" قالت الإوزةُ، "أنا مشغولةٌ جداً."

Little Red Hen called out to the other animals:
"Will anyone help me thresh the wheat?"
"Not I," said the cat, "I'm too busy."
"Not I," said the dog, "I'm too busy."
"Not I," said the goose, "I'm too busy."

"إذن سأقومُ بذلكَ بنفسي!" قالت الدجاجةُ الحمراءُ الصغيرةُ.

"Then I shall do it all by myself!"
said Little Red Hen.

جَشت القمحَ طول اليوم.
عندما انتهت وضعته في عربتها.

She threshed the wheat all day long.
When she had finished she put it into her cart.

والآن أصبحَ القمحَ جاهزٌ للطحن. ولكنَ الدجاجةُ الحمراءُ الصغيرةُ كانت
متعبةً جداً فذهبت الى الحظيرة حيثُ خَلدت للنومِ بسُرعة.

Now the wheat was ready to grind into flour. But Little Red Hen was very tired so she went to the barn where she soon fell fast asleep.

باكراً في الصباح التالي نادت الدجاجةُ الحمراءُ الصغيرةُ الحيوانات الأخرى:
"هل بينَكُم من يُساعِدُني في أخذ القمح الى المطحنة؟"
"لستُ أنا،" قالت القطةُ، "أنا مشغولةٌ جداً."
"لستُ أنا،" قال الكلبُ، "أنا مشغولٌ جداً."
"لستُ أنا،" قالت الإوزةُ، "أنا مشغولةٌ جداً."

The next morning Little Red Hen called out to the other animals:
"Will anyone help me take the wheat to the mill?"
"Not I," said the cat, "I'm too busy."
"Not I," said the dog, "I'm too busy."
"Not I," said the goose, "I'm too busy."

"إذن سأذهبُ بنفسي!" قالت الدجاجةُ الحمراءُ الصغيرةُ.
سَحَبت عَرَبتَها المملوءةِ بالقمح وجرَّتها طولَ الطريقِ إلى المطحنة.

"Then I shall go all by myself!" said Little Red Hen.
She pulled her cart full of wheat and wheeled it all the way to the mill.

أخذَ الطحانُ القمحَ وطحنهُ إلى طحين.

فصار الآنَ جاهزٌ لخبزِ رغيفِ خبزٍ.

The miller took the wheat and ground it into flour.
Now it was ready to make a loaf of bread.

نادت الدجاجةُ الحمراءُ الصغيرةُ الحيوانات الأخرى:
"هل بينَكم من يُساعِدُني في أخذِ الطحينِ إلى الخبازِ؟"
"لستُ أنا،" قالت القطةُ، "أنامشغولةٌ جداً."
"لستُ أنا،" قال الكلبُ، "أنا مشغولٌ جداً."
"لستُ أنا،" قالت الإوزةُ، "أنا مشغولةٌ جداً."

Little Red Hen called out to the other animals:
"Will anyone help me take this flour to the baker?"
"Not I," said the cat, "I'm too busy."
"Not I," said the dog, "I'm too busy."
"Not I," said the goose, "I'm too busy."

"إذن سأذهبُ بنفسي!" قالت الدجاجةُ الحمراءُ الصغيرةُ.
أخذت كيسَ الطحينِ الثقيلِ طولَ الطريقِ إلى المخبز.

"Then I shall go all by myself!" said Little Red Hen.
She took the heavy sack of flour all the way to the bakery.

أخذ الخبازُ الطحينَ وأضافَ إليهِ الخميرةَ والماءَ والسكرَ والملحَ.

وضع العجينَ في الفرنِ وخَبَزَهُ.

عندما جهزَ الخبزُ أعطاهُ للدجاجةِ الحمراءِ الصغيرةِ.

The baker took the flour and added some yeast, water, sugar and salt.
He put the dough in the oven and baked it.
When the bread was ready he gave it to Little Red Hen.

حملت الدجاجةُ الحمراءُ الصغيرةُ الخبزَ الطازج طولَ طريقِ العودة الى ساحةِ المزرعة.

Little Red Hen carried the freshly baked bread all the way
back to the farmyard.

نادت الدجاجةُ الحمراءُ الصغيرةُ الحيوانات الأخرى:

"هل بَينَكم من يُساعِدُني في أكلِ هذا الخبزِ الطازجِ اللذيذ؟"

Little Red Hen called out to the other animals:
"Will anyone help me eat this tasty fresh bread?"

"أنا سأُساعِدُك،" قال الكلبُ، "فأنا لستُ بمشغولٍ."

"I will," said the dog, "I'm not busy."

"أنا سأُساعِدُك،" قالت الإوزةُ، "فأنا لست بمشغولةٍ."

"I will," said the goose, "I'm not busy."

"أنا سأُساعِدُك،" قالت القطةُ، "فأنا لست بمشغولةٍ."

"I will," said the cat, "I'm not busy."

"آه سأفكرُ في ذلك!" قالت الدجاجةُ الحمراءُ الصغيرةُ.

"Oh, I'll have to think about that!"
said Little Red Hen.

دَعَت الدجاجةُ الحمراءُ الصغيرةُ الطحانَ والخبازَ لمُشاركَتِها في خُبزِها
والحيوانات الثلاثة الأخرى تنظرُ.

The Little Red Hen invited the miller and the baker to share her delicious bread while the three other animals all looked on.

key words

little	صغيرة	clouds	غيوم
red	حمراء	rain	مطر
hen	دجاجة	sun	شمس
farmyard	ساحة المزرعة	ripe	ناضج
farm	مزرعة	plant	يزرع
goose	إوزة	cut	يقص
dog	كلب	sickle	مِنجل
cat	قطة	bundle	حُزمة
wheat	قمح	thresh	جَش
busy	مشغول / مشغولة	grind	يطحن

كلمات أساسية

flour	طحين	tasty	لذيذ
the mill	المطحنة	fresh	طازج
miller	طحّان	delicious	شهي
ground	طحن	all	طول / كل
bread	خبز	she	هي
baker	خباز	he	هو
yeast	خميرة		
water	ماء		
sugar	سكر		
salt	ملح